엔크리스토 제자양육성경공부 6 - 생활과정

이대희 지음 │ 바이블미션 편

영향력 있는 사람

-열매 맺기

말씀으로 삶을 변화시키는
한국형 제자양육 교재

혼탁한 시대일수록 확고한 제자의식과 말씀이 생활 속에 나타나도록 하는 훈련이 필요합니다.

많은 성경공부 교재들이 나와 있지만 자아의식을 높이고 말씀을 연구하며 묵상하고 실천하며 생활이 변화되도록 하는 양육교재는 그리 많지 않습니다.

귀납적 방법과 이야기대화식 방법을 적용한 엔크리스토 제자양육 성경공부는 한국 상황에 맞는 성경공부 교재입니다. 일대일과 소그룹을 통하여 스스로 공부할 수 있도록 하고 말씀 속으로 깊게 들어가게 하는 점에서 매우 흥미 있는 교재입니다. 또 말씀을 삶의 실천까지 이끄는 특징을 가지고 있는 전인적 양육교재입니다. 교사나 지도자에게만 의지하지 않고 스스로 성경을 배우고 조용히 은혜의 말씀 속에 잠겨 보면서 말씀의 능력을 경험할 수 있으리라 여겨집니다.

한국 교회는 말씀의 생활화를 위해 크게 힘써야 할 새로운 시대를 맞이하고 있습니다. 이 성경공부 교재가 성령의 인도하심 가운데 그리스도인 한 사람 한 사람을 제자의 삶으로 변화시키기를 소원합니다. 그리하여 한국 교회가 말씀으로 성장하며 아울러 사회와 민족이 말씀으로 새롭게 변화되는 데 귀하게 쓰이기를 기도합니다.

장로회신학대학교 대학원장, 명예교수
주선애

말씀을 통한 자연스러운
사람의 성장을 꿈꾸며

포스트모던 시대에 접어든 현대 사회는 하루가 다르게 급변하고 있습니다. 무엇보다도 물질주의, 이기주의로 인하여 인간의 존엄성이 사라지고 있고 세속화, 비인간화가 교회까지 침투하여 교회가 점차 위기를 맞고 있습니다. 우리는 날이 갈수록 무엇이 진리인지 알 수 없는 애매모호한 시대 속에서 살고 있습니다.

최후의 보루인 교회마저도 한 사람의 가치보다는 보이는 건물과 물질에 끌려가고 있는 실정입니다. 이렇게 된 요인은 절대적인 진리인 성경에서 멀어졌기 때문입니다. 우리 주위를 보면 사람과 교회가 말씀의 성장보다는 세상적인 유행이나 인위적이고 물질적인 성장의 흐름이 주도하고 있는 듯합니다. 지금 교회와 그리스도인은 내부에서 성장의 힘을 찾기보다는 외부에서 성장의 힘을 찾으려는 유혹에 직면해 있습니다.

교회는 인간의 경험과 생각이 아니라 말씀이 이끌어가야 합니다. 교회의 목적은 말씀을 생활화하는 것입니다. 그러면 자연히 교회는 성장하고 부흥하며 사회에서 영향력을 끼칠 수 있을 것입니다. 과정을 무시하고 빠른 속도로 이끌어 내는 인위적인 성장보다는 조금 느리더라도 과정을 거치면서 자연스럽게 유기적 성장의 모습을 추구하는 것이 모든 교회의 소망입니다. 성령의 역사로 교회가 자라가고 흥왕한다면 세상 사람들에게 칭찬 받는 능력의 교회가 될 것입니다.

이것을 위해서 각 그리스도인들에게 말씀의 생명력을 불어넣는 일이 중요합니다. 이런 지속적인 과정을 통하여 점차 구원 받는 자가 날마다 늘어나는 기적의 역사가 한국 교회 속에 일어나기를 소원합니다. 일시적인 성공 프로그램이 아닌 말씀을 통한 교회 성장을 꿈꾸어 봅니다.

본 양육교재는 "엔크리스토 성경공부" 라는 이름으로 한국교회에 소개되어 많은 사람들에게 사랑을 받았던 교재를 기초한 성경교재입니다. "엔크리스토 성경공부"는 20여 년 전, 마땅한 한국적 성경 교재가 없었던 시기에 젊은이와 청년들을 변화시켰던 성경교재입니다. 필자는 말씀을 통해 변화되는 사람들을 보면서 말씀의 힘이 얼마나 위대한지를 직접 경험했고, 그것이 지난 20여 년 동안 성경공부 교재 집필과 말씀을 전하고 가르치는 사역을 어려운 가운데서도 지속적으로 하게 된 원동력이 되었습니다. 지금도 필자는 이 성경교재로 은혜를 받고 성장한 사람들의 이야기들을 종종 접하고 있습니다. 20여 년이 지난 지금, 말씀을 통해 생명의 역사를 일으켰던 그 정신과 힘을 계속 이어간다는 의미에서 이번에 새롭게 내용을 구성하고 보완하여 한국교회 토양에 적합한 제자양육 성경공부 교재를 두려운 마음으로 다시 내놓게 되었습니다.

"성경으로 돌아가자"는 구호는 지금 한국교회에 아주 적합한 말입니다. 이런 저런 프로그램과 내용으로 사람과 교회를 변화시키려 하지만 결국은 성경밖에 없다는 결론에 이르게 됩니다. 사람마다 시기의 차이만 있을 뿐 결국 우리 모두가 이르게 될 종착점은 성경입니다. 시대와 상황에 상관없이 성경공부를 통한 제자양육은 아무리 강조해도 지나치지 않습니다. 성경공부는 단순히 책을 배우는 지식공부가 아닙니다. 말씀이신 하나님과 말씀이 육신이 되신 예수님과 오늘도 진리로 인도하시는 성령님을 체험으로 알아가는 전인적인 하나님 공부입니다.

2000년 전 초대교회는 전적으로 말씀의 힘을 받아 부흥했습니다. 100여 년 전에 불었던 한국교회의 부흥의 역사도 말씀을 통한 부흥이었습니다. 지금의 한국교회는 잠깐 유행하는 프로그램에 이리저리 끌려다녀 시간을 소비하기보다는 성경에 더욱 충실해야 할 것입니다. 아무쪼록 이 양육교재가 그런 일에 조금이라도 보탬이 되기를 소원합니다. 다음 세대에 물려줄 것은 오직 말씀뿐입니다. 이 교재를 통해 성경으로 돌아가며 각자 말씀의 위대한 능력을 경험하는 일이 한국교회에 새롭게 일어나기를 기도합니다. 이런 말씀의 부흥은 시대와 상관없이 다음 세대에도 계속 이어질 것입니다.

지금까지 20여 년 동안 필자와 함께 일대일과 소그룹, 다양한 교회현장에서 말씀을 나누었던 이름을 기억할 수 없는 수많은 사람들, 각자 주어진 현장에서 주님의 제자로 살아가고 있을 사람들, 말씀을 함께 나누면서 마냥 행복해했던 많은 형제와 자매들, 성도들, 학생들에게 감사드립니다. 이들은 지금까지 저에게 힘을 부어 주었던 너무나 소중한 사람들입니다. 이 자리를 빌어 감사의 인사를 전합니다. 특히 외로운 말씀의 길로 달려가는 데 늘 위로와 격려, 기도로 힘을 더해 준 착한 아내 채금령 님에게, 그리고 아버지의 일을 이해하고 잘 따라준 샘과 기쁨에게도 고마움을 전합니다. 그동안 말씀의 길을 가도록 멘토로 한결같이 이끌어 주신 은사 주선애 교수님과 어려운 가운데서도 말씀의 소중함을 가지고 한국교회의 말씀 사역을 위해 지원과 힘을 더해주시고 있는 엔크리스토 박종태 사장님에게 깊은 감사를 드립니다.

오직 하나님께 영광을 올리면서

저자 **이대희**

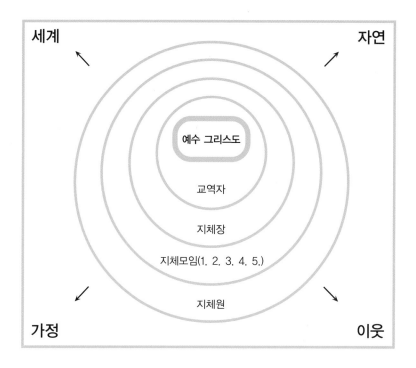

- 엔크리스토 제자양육 조직은 상하명령식인 라인조직이 아닌 상호 유기적인 교제가 이루어지는 원형 조직입니다. 머리되신 예수 그리스도를 중심으로 모두가 그리스도의 몸된 공동체를 이루는 교회 모습을 지향합니다. 유기적인 원형조직에서는 머리이신 예수 그리스도 이외는 높고 낮음이 없이 모두 평등합니다. 모두가 그리스도 안에서 만인 제사장입니다. 그러나 그리스도의 몸 안에서 분량에 맞는 역할과 책임이 있다는 면에서 서로 다릅니다.
- 그리스도, 교역자, 지체장, 지체모임, 지체원은 각자 분리된 것이 아니라 서로 긴밀히 연결된 유기적 관계이며 하나의 생명체입니다. 개인이 아닌 몸된 교회입니다. 세상으로 나갈 때는 각 개인(지체들)으로 가정, 이웃, 세계, 자연 속에서 사명을 감당하지만 결과적으로는 몸된 교회로서 움직이는 것입니다. 교회와 지체와 나는 분리될 수 없는 하나입니다. 교회의 영광이 곧 나의 영광이며 나의 영광이 곧 교회의 영광인 하나된 구조입니다.

그리스도와 공동체가 맺은 공동체 약속

나는 예수 그리스도가 나의 구주되시며, 주님은 나에게 힘을 주시는 분인 줄 믿습니다.

나는 주님의 제자가 되는 제자양육 과정을 통하여 주님이 원하시는 충실한 제자가 될 줄 기대하며 믿습니다.

나는 하나님의 말씀을 배우면서 주님을 닮은 자가 되기 위하여 다음에 대한 것을 성실히 지킬 것을 주님과 지체원들에게 약속합니다.

1. 시간을 꼭 지키며 모임에 빠지지 않도록 합니다.
   (불가피할 경우 사전에 연락하며 보충을 받도록 합니다)
2. 이 과정을 마칠 때까지 모임과 지체원들을 위하여 일주일에 한번 이상 기도합니다.
3. 이 과정을 성실히 마치도록 돕는 기도후원자를 둡니다.
   (기도후원자 이름: 관계:)
4. 매과의 해당 성경본문을 3번 이상 읽고 교재를 준비해 옵니다.

200   ,   ,

이름:

서명:

엔크리스토 제자양육 성경공부는 하나님의 말씀을 통해 그리스도의 제자로 양육하는 특징을 가지고 있습니다. 어느 한부분이 아닌 전인적인 측면에서 제자를 양육하는 한국토양에 맞는 제자양육 과정입니다.

특징

1. 교회와 생활을 변화시키는 새로운 패러다임의 통합형 전인 제자양육 과정입니다

복음 소개와 전도, 일대일 양육, 말씀공부, 영성훈련의 4가지 과정을 하나로 통합한 제자양육 과정으로 기존의 성경공부 중심으로만 되어 있는 제자과정을 뛰어넘는 새로운 형태의 통합형 전인적 제자양육입니다.

2. 제자양육의 핵심인 성경공부는 본문을 중심으로 한 귀납적 성경공부와 이야기대화식 성경공부를 통합한 성경공부입니다

기본적으로 관찰, 해석, 적용의 과정을 거치면서 실천에 이르게 하는 특징을 가지고 있습니다. 또한 이야기와 대화식을 통하여 생동감 있는 말씀으로 생활에 적용하는 가장 효과적인 성경공부 방법을 사용하고 있습니다.

3. 제자양육을 위한 소그룹과 나눔을 사용한 제자 양육과정입니다

일방적인 주입식 공부가 아니라 소그룹에서 서로 나눔을 통하여 말씀의 깊이를 알아가며 그것을 생활에 적용하는 제자양육 과정입니다.

4. 양육의 핵심은 성경공부를 중심으로 하되 이것을 실천하는 영성훈련 과정을 통해 전인적이고 실제적인 제자양육을 하는 과정입니다

영성훈련의 과정은 일회적이 아닌 지속적으로 반복하여 훈련할 수 있게 구성했으며 실제적으로 활용할 수 있는 방법들을 제시했습니다.

5. 신앙의 기초와 뼈대와 성장과 열매를 맺는 생명의 과정으로 자연스럽게 복음과 말씀을 만나 주님을 닮아가는 제자양육 과정입니다

생명체인 식물처럼 자연스러운 신앙과 유기적인 교회 성장을 기할 수 있도록 구성이 되었습니다. 교재 내용을 그대로 따라서 과정을 이수하다 보면 자연스럽게 생활에 익숙해지는 양육의 특징을 가지고 있습니다.

6. 제자로서 꼭 알아야 할 가장 중요한 신앙의 핵심과 뼈대를 중심으로 구성되었습니다

주님의 칭찬을 받는 제자와 신앙이 자라기 위해서 꼭 필요한 영양분과 같은 내용으로 구성되었습니다. 신앙의 핵심을 이해하면서 신앙의 기초를 든든히 하며 신앙 성장을 이룰 수 있습니다.

구성

제자양육을 만드는 전체과정은 크게 네 가지 과정으로 구성이 되었습니다.

1. 복음소개-비전 품기-전도 과정(1권)
2. 일대일양육-토양 가꾸기-기초과정(2권)
3. 말씀양육-뼈대와 성장과 열매 맺기-양육과정(3-6권)
4. 영성훈련-거름주기-영성과정(7권)

소그룹 속에서 행해지는 각과 성경공부 과정은 크게 다섯 단계를 염두에 두고 구성되었습니다.

- **도입–마음 열기**

  1단계–솔직하고 겸손한 마음을 가지라

- **말씀의 살핌–말씀을 듣고 받기–** 관찰

  2단계–말씀을 들으라

  3단계–나의 말씀으로 받으라

- **말씀의 깨달음–말씀을 깨닫기–** 해석

  4단계–말씀의 의미를 깨달으라

- **말씀의 적용–말씀을 적용하기–** 적용

  5단계–깨달은 말씀을 적용하라

- **실천을 위한 묵상–실천과 결단 하기–** 실천

  6단계–적용된 말씀을 삶에서 실천하라

  인내하면서 나가면 때가 되면 30배, 60배, 100배 열매를 맺는다.

복음과 만남과 일대일 양육 과정은 처음 제자훈련할 때 시행할 수 있는 **일회 과정**입니다. 그러나 영성훈련은 **평생 과정**입니다. 상황에 따라 이 부분을 현장에서 적절하게 사용하면 큰 유익이 될 것입니다.

1. 본 제자양육 성경공부는 주로 귀납적 방법과 이야기대화식 방법을 사용함으로 필자의 책을 참조하여 미리 이해하면 유익합니다. (이야기대화식 성경연구(엔크리스토 刊))

2. 본 제자양육은 설교식이나 일방적 강의가 아니라 함께 토의를 하면서 해답을 찾아가는 것이며 오늘 주시는 하나님의 음성을 듣는 것입니다.
가능하면 미리 해답을 말하기보다는 점차 밝혀지는 방향으로 나아가야 합니다.

3. 본 제자양육 성경공부는 전인적인 삶에 목표를 두면서 머리와 가슴과 발과 손을 통합한 전인적인 의미에서 제자양육입니다.

4. "영성훈련" 과정은 수시로 사용할 수 있고 과정 중에 사용할 수도 있습니다. 영성훈련은 서로 도와주고 이끌어 주면서 생활 속에서 훈련해야 합니다. 이것은 제자양육이 자칫 성경공부로만 그치는 것을 극복하게 합니다.
이런 영성훈련 과정을 통하여 성경을 구체적으로 적용하는 능력이 생기게 됩니다. 그러므로 이것은 맨 마지막 과정에 사용하기보다는 중간 중간 필요한 상황에 따라 수시로 사용하는 게 좋습니다. 또한 과제 등으로 내줄 수 있습니다.

5. 본 제자양육 과정을 공부하기 위해서는 한 그룹을 "○○지체"라 부르고 구성원은 "○○지체원" 전체를 "○○ 교회공동체"라 부릅니다. 모임을 총괄하는 사람은 "지체장", 성경과 양육을 담당하는 사람은 "교사"라고 부릅니다. 지체장은 전체적인 내용, 즉 봉사와 모임과 지체들과의 관계 등을 채워주고, 교사는 그날 주어진 말씀과 신앙생활을 주로 가르칩니다. 기존의 소그룹을 그리스도의 몸의 측면에서 이해하는 유기적인 조직으로서 오가닉 교회의 모습입니다.

7 영성훈련 | 거름주기-영성 |

1. 말씀(시편)기도
2. 경건의 시간(큐티)
3. 관계훈련
4. 성경통독
5. 대화기도
6. 말씀찬양
7. 홀로시간
8. 중보기도
9. 찬송기도
10. 듣고 말하는 기도
11. 식탁의 사귐
12. 영적독서
13. 섬김훈련
14. 사랑의 실천
15. 전도훈련
16. 복음현장 탐험
17. 리트릿수양회

엔크리스토 제자양육과정표

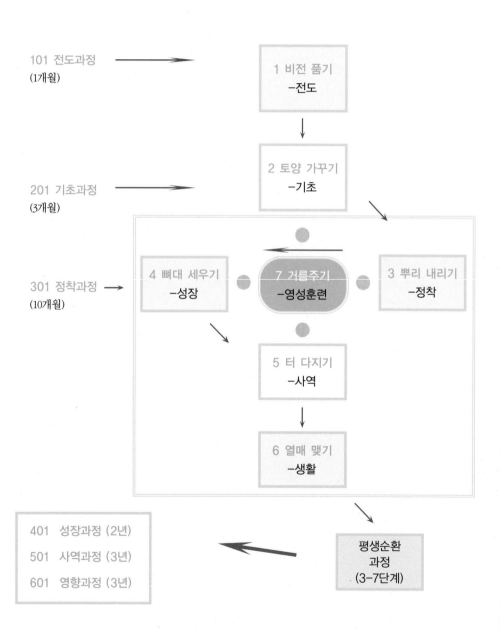

101 전도과정
(1개월)

201 기초과정
(3개월)

301 정착과정
(10개월)

1 비전 품기
−전도

2 토양 가꾸기
−기초

4 뼈대 세우기
−성장

7 거름주기
−영성훈련

3 뿌리 내리기
−정착

5 터 다지기
−사역

6 열매 맺기
−생활

401 성장과정 (2년)

501 사역과정 (3년)

601 영향과정 (3년)

평생순환
과정
(3−7단계)

차례

들어가면서

신앙생활의 궁극적인 목적은 열매를 맺기 위해서입니다. 열매를 맺지 못하는 나무는 제거해야 합니다. 죽은 나무이기 때문입니다. 그러나 살아 있는 나무는 언젠가는 열매가 맺힙니다. 열매를 맺는다는 것은 살아 있는 신앙생활을 의미합니다.

신앙의 열매는 생활 속에서 나타납니다. 많은 사람들의 신앙생활이 열매로 나타나지 않고 그냥 지식에 머무는 경우가 많은데, 신앙은 지식이나 감정에 그치는 것이 아니라 생활에서 드러나야 합니다.

열매를 맺기 위해서는 시간이 필요합니다. 과정을 거치면서 열매를 맺는 것이지 그냥 기계적으로 이루어지는 것이 아닙니다. 내가 원한다고 해서 금방 되는 것이 아닙니다. 겨울, 봄, 여름을 거쳐 가을이 되어야 열매를 맺습니다. 즉 하나님의 때가 되어야 신앙의 열매가 맺힙니다. 그 열매를 맺을 때까지 참고 인내하면서 비바람을 이겨내야 합니다.

많은 사람들이 열매를 잘 맺지 못하는 것은 기다림에 실패하기 때문입니다. 말씀의 씨앗을 심었으면 계속 마음에 자리잡도록 하고 그것이 삶속에 스며들도록 해야 합니다. 그렇게 되면 언젠가는 풍성한 열매를 맺게 됩니다.

또 하나 기억해야 할 것은, 열매는 자기를 위해서 존재하지 않는다는 것입니다. 열매는 희생이요 나눔입니다. 열매는 다른 사람이 먹습니다. 열매를 자기가 먹는

법은 없습니다.

열매의 삶이란 희생을 의미합니다. 우리의 모든 신앙의 열매는 자기의 영광과 즐거움을 위해서가 아닌 다른 사람의 즐거움을 위해서요 하나님의 나라에 기여하기 위한 것입니다.

열매를 통하여 우리는 다른 사람에게 영향력을 끼치고 구원을 심게 됩니다. 그러면 더 풍성한 열매가 그들을 통하여 맺게 됩니다. 열매가 많아야 다른 사람들이 풍성하게 되고 배부르게 됩니다.

신앙의 열매를 맺는 과정은 우리가 속해 있는 공동체 속에서 사랑과 평화와 하나됨을 위해서 사용되는 리더의 과정이라 말할 수 있습니다. 다른 사람에게 영향력을 미치는 사람이 되기 위해서는 적어도 사랑, 평화, 하나됨의 열매를 생활 속에서 맺어야 합니다.

이런 열매 있는 사람들을 통하여 가정과 교회와 사회는 아름답게 되고, 하나님의 나라가 이루어지게 될 것입니다. 이런 일들이 우리 공동체와 사회 속에 부족한 이유는 이것을 위해 희생하는 사람이 부족하기 때문입니다. 이런 사람을 만들어 내는 것이 제자 훈련의 목표입니다. 주님은 십자가에서 죽으실 때 사랑과 평화와 하나됨을 이루면서 인생을 마치셨습니다. 풍성한 열매를 맺어 우리에게 모두 주고 가셨습니다. 이는 제자의 길을 따라가는 우리들이 본받아야 할 모델입니다. 이것은 과정들을 차근차근하게 밟아 갈 때 가능합니다. 이런 열매를 맺기 위해서는 기초부터 잘 다져 나가야 할 것입니다. 좋은 나무가 되어야 좋은 열매를 맺기 때문입니다. 결과에 치중하기보다는 먼저 좋은 나무가 되는 과정의 훈련을 잘 감당해야 합니다.

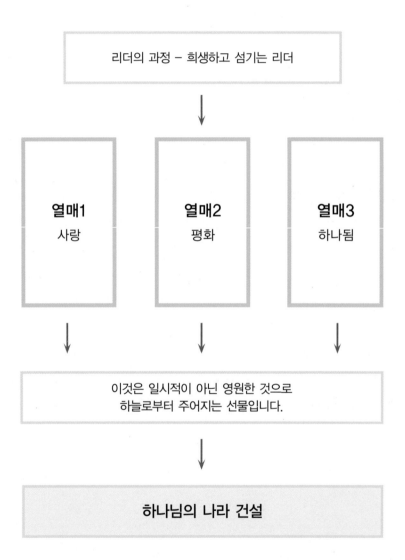

리더의 과정 – 희생하고 섬기는 리더

열매1
사랑

열매2
평화

열매3
하나됨

이것은 일시적이 아닌 영원한 것으로
하늘로부터 주어지는 선물입니다.

하나님의 나라 건설

열매 1

사랑을 위하여

1. 서로 사랑하라

2. 진실과 행함으로 사랑하라

3. 그 중에 제일은 사랑

사랑

어원

사랑은 구약에서 상당히 광범위하게 쓰였습니다. 우선 내적인 힘으로 기쁨과 희생을 산출하는 것으로, 또 인격의 깊은 내면에서 흘러나오는 것으로 표현됩니다. 반면에 신약에서는 헬라어인 '아가페'라는 단어로 사랑을 표현합니다. 이것은 가장 고상한 사랑으로서 신적인 사랑을 말합니다. 그 다음으로 많이 나오는 것이 '필레오' 사랑입니다. 이것은 친근감이 넘치는 우정의 사랑으로 신약성경에서는 이 두 단어가 많이 쓰이고 있습니다.

본질

하나님은 사랑의 본질이십니다(요일 4:8, 16). 하나님이 가지신 사랑의 본질적 의미는 자기를 열어 내어 주는 행위 속에서 나타납니다. 사랑의 구체적인 모습은 그 아들 예수 그리스도를 십자가에 내어주어 죽게 하신 것에서 잘 나타납니다.

종류

일반적으로 사랑은 크게 세 가지 뜻으로 나누어 살펴 볼 수 있습니다.

첫째로, 낭만적인(erotical love) 사랑입니다. 이는 열정적이고 소유욕이 강한 이성간의 사랑을 말합니다. 흔히 이것을 자연스럽게 생겨나는 인간적인 사랑이라고 말합니다. 에로틱한 사랑 그 자체는 죄가 아닙니다. 자칫하면 기독교인들이 이 사랑을 너무 부정적으로 봄으로 삶에서 도외시하기 쉬운데 이는 잘못된 것입니다. 이 사랑 역시 하나님이 인간에게 주신 사랑입니다. 다만 조건적이고 이기적이며 감정적이기 쉬운 제한적인 면에 빠져들지 않도록 유의해야 합니다.

둘째로, 우정 어린, 그리고 호혜적인 사랑(reciprocal love)입니다. 이 사랑을 흔히 '필로에'라고 표현하는데, 이는 서로 주고받는 사랑으로 친구와의 우정 어린 사랑이 그 대표적인 예입니다.

셋째로, 구속의 사랑(redemptive love)입니다. 이것은 앞의 두 종류의 사랑과는 전적으로 다른 신적인 사랑입니다. 우리는 이것을 아가페적인 사랑이라고 말합니다. 즉 무조건적인 사랑으로 다른 사람을 위한 헌신과 희생의 사랑입니다. 구속의 사랑은 감정적인 것을 넘어선 실천적인 사랑입니다. 사랑하기 힘든 사람일지라도 그들을 무조건 사랑하는 것을 의미합니다. 기독교가 추구해야 하는 사랑은 바로 이 사랑입니다.

이 세상에서 가장 흔한 말 가운데 하나가 사랑입니다. 요즈음처럼 사랑이라는 말의 홍수에 밀려 본질적인 사랑의 의미가 퇴색되어 가는 시대도 없을 것입니다.

이 세상의 모든 문제는 결국 사랑으로 귀결됩니다. 서로 분열이 일어나는 것도 사랑이 없어서요, 세상이 포악해지고 무서운 것도 사랑의 결핍 때문입니다. 이 세상에 이기심과 허영이 판을 치는 것도 역시 사랑을 잃어 버렸기 때문입니다. 그러나 우리 모두가 참된 사랑을 깨닫고 그 사랑을 삶의 현장에서 구현해 나갈 때 이 시대는 더 밝아지고 소망이 있는 사회가 될 것입니다.

하나님의 말씀을 따라 살지 못하고 그 명령을 지킬 수 있는 힘을 잃어버린 이유는 하나님에 대한 사랑을 저버렸기 때문입니다. "너희가 나를 사랑하면 나의 계명을 지키리라" (요 14:15) 는 말씀처럼 오늘 우리에게 가장 필요하고 먼저 회복되어야 할 부분은 이 구속의 사랑과 사랑의 실천입니다.

성경을 공부하고 기도하며 예배하는 것도 알고 보면 모두 사람을 위해서입니다. 사랑을 이루지 못하면 아무것도 아닙니다.

서로 사랑하라

본문 말씀 : 요한일서 4:7-21

삶의 나눔

1. 사랑에 대해 생각하는 것(그림, 이야기, 격언)들을 적어보고 이것을 중심으로 '사랑이란   입니다'의 빈칸을 채워 보십시오.

> 사랑에 대해 생각나는 것

—사랑이란 _____ 입니다.
—사랑이란 _____ 입니다.
—사랑이란 _____ 입니다.

말씀의 살핌

01

저자는 사도 요한으로 당시 유일하게 생존한 사도인 노년의 요한이 밧모섬에 유배되기 전에 기록한 것입니다. 이 책은 그리스도인의 믿음의 생활과 거짓 교사에 대한 경계의 내용을 담고 있습니다.

본문의 배경

본문은 고린도전서 13장과 함께 사랑의 위대한 면을 말해주는 부분입니다. 15절밖에 안 되는 본문에 '사랑'이라는 단어가 무려 20회 이상 나와 있습니다. 특히 본문은 하나님께 속하지 않은 이단 세력들의 허구성을 염두에 두고 하나님께 속한 자들이 사랑을 실천해야 함을 말하고 있습니다.

용어 설명

—하나님은 사랑이라(8): '하나님은 빛이시다'(요일 1:5), '하나님은 영이시다'(요 4:24)라는 표현보다 더 구체적이고 인격적인 표현입니다. 영지주의 이단은 하나님을 빛과 영으로만 인정했습니다.

—하나님을 본 사람이 없다(12): 당시의 거짓 이단들은 환상을 통하여 하나님을 보았다고 주장했습니다.

—그의 사랑(12): 하나님께 대한 우리의 사랑이란 뜻이 무난합니다.

—알고 믿었노니(16): 요한복음 6:69에는 "믿고 알았삽나이다"라고 기록되어 있습니다. 신적인 교리문제는 먼저 믿음으로 알게 되고 실제적인 문제는 알고 믿는다고 말하나 어느 것이 먼저인지는 불확실합니다.

1. 다음의 단어들이 몇 번 나오는지 본문에서 찾아보십시오.(7-21)

단어	횟수	나오는 절수
사랑		
하나님		
우리		

2. 위에 나온 단어들을 중심으로 본문의 내용을 요약해 보십시오.

_____

_____

3. 사랑은 원래 누구에게 속해 있습니까?(7)

_____

_____

4. 하나님의 사랑이 우리에게 구체적으로 어떻게 나타났는지 말해 보십시오.(9)

_____

_____

5. 우리가 서로 사랑함에 있어서 기본적으로 생각해야 할 중요한 원칙이 있는데 그것은 무엇입니까?(10, 19, 21)

_____

_____

6. 우리가 서로 사랑해야 하는 근본적인 이유는 무엇입니까? 이 것은 우리가 서로 사랑하지 못하는 이유이기도 합니다.(11)

7. 영은 보이지 않습니다. 하나님은 영이십니다. 영이신 하나님 을 우리 가운데 거하게 하고 하나님이 우리 안에 계심을 느끼며 알 수 있는 길은 무엇입니까?(12, 15-16)

8. 하나님의 사랑이 우리 속에 온전히 이루어질 때 우리는 어떤 유익을 얻게 됩니까?(11-13, 17-18)

9. 우리의 사랑이 올바른지를 알 수 있는 그 검증 방법을 말해 보 십시오.(20-21)

말씀의 깨달음

1. 하나님은 말로만 하는 사랑이 아닌 직접 행동으로 사랑을 실천하셨습니다. 그 행동의 구체적인 방법은 예수님을 통한 사랑의 표현입니다. 왜 하나님은 자기 아들 예수님을 십자가에 죽게 하시면서까지 자기의 사랑을 보잘 것 없는 인간에게 보여주셨습니까? 이것이 오늘날 우리에게 주는 중요한 의미는 무엇입니까?

2. "하나님 안에 거한다"(12절)는 것은 무엇을 뜻합니까?(참고, 요일 3:23-24; 2:5-6; 요 16:33, 15:7, 9-10)

3. 하나님이 우리에게 가르쳐 준 사랑은 먼저 사랑이요 서로 사랑입니다. 이것은 조건적인 사랑이 아닌 무조건적인 사랑이며, 인간관계 속에서 나타나는 사랑입니다. 이것을 통해 진정한 사랑이 무엇인지 말해 보십시오. 또 하나님을 사랑하는 사람은 이웃을 사랑하라고 했는데 그 이유가 무엇인지 말해 보십시오(요 13:34; 마 22:36-39).

4. 본문에서 "온전한"이란 단어가 계속해서 나옵니다. 이 온전한

사랑이란 어떤 사랑을 말합니까? 아울러 사랑과 두려움은 서로 어떤 관계가 있습니까?

_____

_____

01

말씀의 적용

1. 나는 지금 하나님 안에 얼마나 거하고 있습니까? 또한 그것을 믿고 살아갑니까?(사랑과 두려움의 관계 속에서)

_____

_____

2. 나의 사랑의 태도를 점검해 보십시오.

잘못된 점	앞으로 발전시켜야 할 점

3. 현재 내가 사랑하지 못하는 사람은 누구이며 왜 그런지 그 이유와 함께 앞으로의 나의 다짐을 말해 보십시오.

이름	이유	앞으로의 다짐

일본에서 고아의 아버지로 불리는 이시이 쥬지(1865-1914)가 사는 곳에 한 시각장애인이 찾아와 "선생님, 하나님 보는 공부를 가르쳐 주십시오" 하고 말했습니다. 이시이 선생은 곧 "당신은 안마를 할 수 있습니까? 오까야마에는 가난한 사람이 많이 있으니 만약 할 수 있다면 안마를 하여 얻은 돈에서 2전씩(우리에게는 200원 상당) 주어 보십시오. 그 일을 2주 동안 계속하고서 또 오십시오. 그때쯤이면 하나님을 볼 수 있습니다"라고 말했습니다. 이 시각장애인이 안마를 마치고 집으로 돌아오는 때에 저편에서 오는 다른 안마사를 만났습니다. 불경기로 어려움을 겪고 있다는 호소를 듣고 안마사는 2전을 그의 주머니에 넣어 주었습니다. 그것을 매일 밤 계속한 후에 그 안마사는 이시이 선생에게로 와서 "선생님, 알았습니다. 하나님은 영이십니다. 사랑이십니다" 하고 고백했습니다. 이때 이시이 선생은 "실로 그대로입니다. 그것은 하나님이십니다. 지금 당신은 하나님을 본 것입니다"라고 말했습니다.

하나님은 결코 어떤 부분이 아닌 전체이십니다. 우리는 남을 사랑할 때, 다른 사람을 봉사하는 마음을 가질 때 하나님을 발견할 수 있습니다. 자기 일만 생각하는 사람은 하나님을 볼 수 없습니다. 왜냐하면 하나님은 사랑이시기 때문입니다.

진실과 행함으로 사랑하라

본문 말씀 : 요한일서 3:13-24

삶의 나눔

1. 아래 신문 기사의 글을 읽어 보십시오

콩팥 선물

서울 종로 2가 YMCA 2층 강당에서 일어난 일입니다. 신장 기증자와 이식을 받을 사람 10명이 사랑의장기기증 운동본부 주최로 자리를 같이 했습니다.

만성 신부전증을 앓고 있는 신경철 씨의 어머니 김춘자 씨는 신장을 이식해 주기로 한 김정민 씨의 어깨를 붙잡고 한동안 말문을 열지 못했습니다. 김춘자 씨는 아들에게 자신의 신장을 떼어 주려고 했지만 고혈압으로 불가능하다는 판정을 받고 발만 구르고 있던 차에 운동본부를 통해 김 씨를 소개 받았습니다. 김춘자 씨는 "우리 아들을 살리기 위해 이렇게 장기까지 떼어주겠다니 뭐라고 감사해야 할지 모르겠습니다"

라며 울먹였습니다.

이들의 바로 옆자리에서는 심장이식 수술을 받지 못할 정도로 중세가 악화되었던 둘째딸이 10년 만에 기적적으로 완치된 후에 이번엔 자신의 신장을 다른 사람에게 기증하기로 하고 그 수혜자와 나란히 앉아 이야기를 나누고 있었습니다.

2. 이 글을 읽고 특별히 느낀 점을 서로 나누어 보십시오.

말씀의 살핌

도움의 글

본문의 내용

본문은 사랑의 실천을 특히 강조한 부분으로 교제와 연결시키면서 사랑의 실제를 말하고 있습니다. 교제는 수직적인 하나님의 사랑에서 나오고 그것은 수평적인 사랑의 기초가 되기도 합니다. 특히 사랑을 생명으로, 미움을 죽음으로 연결시키는 것은 흥미로운 부분입니다.

용어설명

—사망(14): '사망'은 '분리한다'는 뜻으로 영과 육이 분리되는 육적인 사망이요, 하나님과 인간이 분리되는 영적 사망입니다.

—형제(15): 하나님의 자녀를 말합니다.

—굳세게 함(19): 확신을 말합니다.

—마음(19): 본문에서는 양심을 말합니다.

—담대함(21): 말로 표현할 수 없는 자유와 용기를 말합니다.

1. 그리스도인이 온전한 신앙생활을 하고자 할 때 이상하게 여기지 말아야 할 일은 무엇입니까?(13)

2. 우리가 형제를 사랑함으로 비로소 깨닫게 되는 것은 무엇입니까?(14)

3. 미움이 주는 교훈은 무엇입니까?(14-15)

4. 우리는 무엇을 통해 사랑을 알고 실천할 수 있는 힘을 얻게 됩니까?(16)

5. 그리스도인의 사랑은 구체적으로 어떻게 나타나야 합니까?(17-18)

6. 우리가 하나님 안에 거하고 있음을 확신할 수 있는 길은 무엇입니까?(19-20)

7. 신앙의 담대함은 어느 때 우리에게 다가옵니까? 아울러 기도 응답을 받을 수 있는 길은 무엇입니까?(21-22)

8. 하나님의 계명은 구체적으로 무엇을 말하며 그 계명을 지킬 때 우리는 어떤 축복을 얻게 됩니까?(23-24)

말씀의 깨달음

1. 성 어거스틴은 "사랑은 다른 이들을 도와 줄 수 있는 손과, 가난하고 핍절한 자에게 서둘러 달려가는 발을 갖고 있고, 불행한 사람의 궁핍을 보는 눈을 갖고 있으며, 사람들의 한숨과 슬픔의 소리를 듣는 귀를 갖고 있는 것이다"라고 말했습니다.
이것을 기초로 성경적 사랑의 원리를 나름대로 정리해 보십시오.(참고. 약 2:14-17; 요 5:24; 고전 4:20)

2. 사랑은 율법이 아닌 복음입니다. 23절의 계명대로 서로 사랑한다는 말씀을 어떻게 이해해야 합니까?(참고, 마 22:39)

말씀의 적용

1. 나는 하나님의 사랑을 통하여 내 안에 하나님의 생명이 있음을 얼마나 믿고 있습니까? 또한 그 믿음대로 살아가고 있습니까?

_____

_____

2. 우리가 자기 목숨을 버리는 자세로 형제를 사랑하지 못하는 이유는 무엇입니까?

_____

_____

3. 미워하는 것은 곧 살인입니다. 나의 주위에서 사랑하지 못하는 사람은 혹시 없습니까? 말과 혀로만 사랑하지 말고 오직 행함과 진실함으로 사랑하라는 말씀에 따라 이번 주간에 행할 사랑의 실천계획을 세워 보십시오.

_____

_____

함께 기도하기

1. 주님, 이웃에게 진실하게 행함으로 사랑하게 하소서.
2. 이기적인 사랑을 버리고 희생적인 사랑을 하도록 힘을 주옵소서.

묵상의 글

1918년 '솜 전쟁'이 일어났을 때 있었던 실화입니다. 독일군은 전진을 계속 하고 있었고, 영국군은 겨우 그들을 저지하고 있었습니다. 많은 부상자들이 흩어져 있었고 쉴 새 없는 사격 때문에 사흘 동안 아무런 구조의 방도가 없었습니다. 이때 어떤 종군 목사가 수통을 가지고 과감히 부상자들이 신음하는 무인지대로 들어 갔습니다. 거기에는 아직도 20여 명이 살아 있었습니다. 목사는 그들에게 물을 먹이고 싶었으나 20명에게 나누어 주기에는 수통의 물이 너무 적었습니다. 그러나 어쩔 수 없다는 생각에서 처음 한 사람에게 수통을 내밀어 주면서 마시라고 했습니다. 그러나 그 사람은 나머지 열아홉 사람이 똑같이 기갈에 허덕이고 있다는 걸 알았기 때문에 조금밖에 마시지 않았습니다. 다음 사람에게 수통을 넘겨주며 아직도 열여덟 사람이 남아 있으니 조금만 마시라고 말했습니다. 이렇게 해서 17, 16, 15……8……5명이 물을 마셨습니다. 결국 마지막 한 사람까지 수통의 물을 마셨고, 목사는 수통을 흔들어 보았습니다. 수통에 물은 아직도 많이 남아 있었습니다. 물론 가장 많이 마신 사람은 맨 마지막 사람이었습니다.

그 중에 제일은 사랑

본문 말씀 : 고린도전서 13:1-13

삶의 나눔

1. 다음의 첫 글자로 시작하는 사랑에 대한 짧은 격언을 만들어
보십시오.

사
_____

랑
_____

해
_____

요
_____

말씀의 살핌

본문 구조

03

본문은 다음과 같이 세 부분으로 나뉩니다.

1) 사랑의 필요성(1-3절)

2) 사랑의 특성(4-7절)

3) 사랑의 영원성(8-13절)

본문의 특징

본문은 시적인 문체로 참 사랑의 의미를 잘 요약하고 있습니다. 여기서 나오는 사랑은 아가페적인 하나님의 사랑을 말합니다. 계약적이고 조건적인 세상의 사랑 모습과 비교하여 살펴보면 대단한 의미를 발견할 수 있습니다. 특히 13장은 삽화적이라 할 수 있는데 이 사랑이 성령의 은사와 관련하여 소개하고 있는 것은 주목할 만합니다.

고린도교회의 배경

항구도시요 부유한 상업의 중심지인 고린도는 우상 숭배와 부도덕으로 방탕한 도시였습니다. 이런 환경이기에 고린도교회에도 자연히 부도덕한 모습들이 침투해 교회의 혼란과 타락이 가중되고 있었습니다. 무엇보다도 교회의 구성원이 거의 이방인이었고 초신자였던 탓에 잘못된 길로 가기가 훨씬 쉬웠습니다.

용어설명

―사랑(1): 아가페적인 하나님의 사랑입니다.

―온유(4): 부드럽고 인자하며, 친절한 행동을 말합니다.

―온전한 것이 올 때(10): 그리스도의 재림을 말합니다.

1. 본문에 나오는 사랑이란 말 대신에 무엇을 대치하여 읽을 수 있습니까?

_____

_____

2. 사랑은 모든 것 중에 가장 필수적인 것입니다. 이것에 대한 예를 말해 보십시오.(1-3)

정적인 면	
지적인 면	
의지적인 면	

3. 진정한 사랑은 어떤 것인지 그 내용을 찾아 정리해 보십시오.(4-8)

부정적인 부분	
긍정적인 부분	

4. 부분적인 것은 언제 없어집니까?(8-10)

_____

_____

5. 임시적이고 부분적인 은사는 무엇입니까?(11)

_____

_____

6. 장성한 사람이 되었을 때는 모든 것을 어떻게 이해합니까?(12)

7. 항상 그리고 영원히 존재하는 것은 무엇입니까?(13)

8.믿음, 소망, 사랑 중에 제일 중요한 것은 무엇입니까?(13)

말씀의 깨달음

1. 고린도전서 12장과 14장은 은사에 대한 내용입니다. 13장은 그 중간에 삽입적인 성격을 지니고 있는데 고린도서 전체의 문맥 속에서 본문을 어떻게 이해해야 합니까?

2. 고린도교회는 문제가 많았습니다. 서로 참지 못했고(고전 14:29-32), 다른 사람들이 가지고 있는 성령의 은사를 시기하였고 (고전 14:1), 교만과 비판적인 행동 그리고 덕스러움을 나타내지 못했습니다(고전 12:2-16). 이런 측면에서 바울이 말한 사랑의 본질이 무엇인지 이야기해보고, 이것을 통해 교회 안에서 행해야

하는 영적인 교훈을 말해 보십시오.

_____

_____

3. 사랑은 언제까지나 떨어지거나 없어지지 않습니다. 이것은 다른 은사들을 훨씬 능가하는 사랑의 위대한 점이라 할 수 있는데 어떤 점에서 위대한지 말해 보십시오.
특히 믿음과 소망과 사랑과 연관하여 말해 보십시오.(참고, 요일 4:8)

_____

_____

말씀의 적용

1. 현재 나의 생활 중에서 가장 중요하다고 생각되는 일 다섯 가지를 순서대로 말해 보십시오.
1)
2)
3)
4)
5)

2. 사랑의 여러 특성들 중에서 나에게 특별히 부족하다고 생각하는 것을 순서대로 적어 보십시오.

	사랑의 모습	이유
1		
2		
3		
4		

3. 모든 은사의 기초가 되는 사랑을 온전하게 나의 삶 속에 나타내기 위해서 내가 해야 할 일이 있다면 그것은 무엇입니까?

_____

_____

함께 기도하기

1. 사랑이 제일 큰 힘임을 믿게 하소서.
2. 온누리에 사랑의 물결이 넘치게 하시고 사랑이 퍼지는 데 나를 사용하소서.

묵상의 글

아래 글은 가가와 도요히꼬가 쓴 글입니다.

사랑은 최후의 제왕입니다. 사랑 이외에 세계를 정복할 수
있는 것은 없습니다. 세계를 통치하기 위해 꿈꾸는 사람들은
모두 실패했습니다. 중국의 진시왕도, 알렉산더 왕도, 고대
의 한니발 장군도, 시저 왕도, 나플레옹도 모두 꿈과 같이 사
라졌습니다.
총칼의 정복은 순간이었고 그 위세도 한때에 불과했습니다.
사랑은 내면으로부터 사회를 공고히 합니다. 그것은 문설주
이며 믿음의 허리를 동이는 띠입니다. 사랑은 죽이는 일을
할 수가 없습니다. 일본은 이것을 믿지 않습니다. 그렇기 때
문에 쉽게 세계를 정복할 수가 없습니다. 지구 정복을 희구
하는 사람은 직경 7500마일의 지구의 면을 정복하는 데 그치
지만 영혼을 정복하는 자는 우주의 구석까지 정복합니다.

사랑이 최고의 힘입니다. 사랑은 모든 것을 이기는 능력입니다.
사랑보다 위대한 힘은 없습니다. 세상의 모든 것을 감싸는 것은
사랑입니다.

평화

원어

구약에서는 '살롬'(Salom), 신약에서는 '에이레네'(eirene) 로 불립니다. 이 단어의 기본적인 개념은 완전함, 건전함, 온전함을 뜻하며 친숙한 인사말로 불려왔습니다. 평화는 전쟁으로부터 방어하는 평화를 가리키기도 하지만 건강, 안녕, 복귀 등에서도 사용됩니다. 결국 내적이든지 외적이든지 분쟁이 없는 자유로운 상태를 말합니다. 여기에는 외부로부터(적으로부터)의 안전뿐 아니라 내부에서 하나님을 신뢰함으로 나오는 마음의 고요함도 포함됩니다.

구약에 나타난 평화

구약성경에서는 이 평화의 의미가 언약을 통한 하나님과의 친교의 표현(민 23:12)으로, 동료 간의 우정을 나타낼 때(창 26:29), 다른 사람의 번영을 구할 때(창 43:27), 어떤 사람이 다른 사람과 화친할 때(수 9:15), 도시나 나라의 평안을 구할 때(렘 29:7) 등에 주로 사용되었습니다. 이것은 특히 의와 진리가 서로 깊은 관계를 맺는 가운데 사용되어집니다.(시 85:10; 사48:18, 22)

신약에 나타난 평화

신약성경에서는 평화(평안, 평강)라는 말이 그리스도의 은사로 주어지는 것을 뜻합니다. 주로 영적인 의미를 전달하는 데 사용되었는데, 신약에서는 은혜, 생명, 의(롬 1:7, 8:6, 14:17)와 연관되어 사용되었습니다. 죄인인 인간이 그리스도를 통해 죄의 문제를 청산하고 하나님과 화목의 길로 들어서는 것이 신약성경이 말하는 평화의 중심 개념입니다.

그리스도께서 이 세상에 오신 목적은 우리로 하나님과 영적인 화목을 이루기 위해서입니다. 이것을 생각할 때 복음의 진수는 화평, 곧 하나님과의 화목이고 하나님과의 친교를 통해 누리는 평강이라고 말할 수 있습니다. 영원한 세계에서뿐 아니라 이 땅에서도 하나님의 평강을 누리며 살 수 있는 것입니다.

··· 나 침 반   열 기

복음이 들어갈 때 평화는 이루어집니다. 그것은 복음 자체가 평화이기 때문입니다(엡 6:15). 평화로운 세상, 이것은 곧 하나님 나라의 모습이고 계속 이루어야 할 그리스도인의 사명입니다. 하나님의 나라는 먹는 것과 마시는 것이 아니요 오직 성령 안에서 의와 평강과 희락입니다(롬 14:17).

현재 우리의 자리를 살펴보십시오. 평화로운 가정, 평화로운 시대, 평화로운 교회에 얼마나 헌신하고 있습니까? 평화는 그냥 주어지는 것이 아닙니다. 먼저 적극적으로 평화를 선포하고 나 자신이 평화의 담당자로서 평화를 만드는 사람이(peace maker) 되어야 합니다. 악인에게는 평화가 없습니다(사 48:22). 하나님의 모습을 부정하고 하나님을 제외시키는 곳에서는 진정한 평화가 존재할 수 없습니다.

평화 없는 세상

본문 말씀 : 예레미야 6:9-15

삶의 나눔

1. 평화를 이루기 위해 갖추어야 할 요건이 무엇인지 찾아서 정리해 보고 이것을 토대로 함께 나눔의 시간을 가져 보십시오.

요건1

요건2

요건3

요건4

말씀의 살핌

저자와 수신자

예레미야(일명 눈물의 선지자라고도 함)입니다. 그는 제사장 가문에서 태어났으며, 태어나기 전에 이미 하나님으로부터 선지자 직분이 예정되었습니다(1:5-6).

예언 대상은 남왕국 유다와 그 수도 예루살렘의 백성들입니다. 예레미야서의 예언은 하나님이 이스라엘과 맺은 언약이 70년 포로생활 이후에 이루어질 것을 재확인하는 것으로 일관되어 있습니다.

시대적 배경

예레미야가 활동하던 때는 위기가 임박한 시대로(16:1-4), 유다 최후의 왕들, 즉 요시야, 여호아하스, 여호야김, 여호야긴, 시드기야가 통치한 기간입니다. 특히 죄악이 번성함으로 급속하게 파멸로 치닫고 있던 유다는 바벨론에게 멸망(B.C 586) 당하는 비운을 맞이하였습니다.

본문의 배경

예레미야는 악에 대한 책망과 하나님의 심판에 대해 경고했으나 유다 백성과 지도자들은 그를 무시하였으며 오히려 핍박하였습니다. 온 백성들뿐 아니라 심지어 제사장까지 그의 목소리를 듣지 않고 반역의 길로 들어섬으로 파멸을 자초했습니다.

용어설명

─그 남은 자를 말갛게 주우리라(9): 바벨론 군대가 남쪽 유다 왕국을 철저하게 진멸할 것을 뜻합니다.

─탐람(13): 음식과 재물을 탐내는 것

─심상히(14): '하찮게 여기다'는 뜻으로 경멸하다는 의미를 가지고 있습니다.

─엎드러지는 자(15): 미혹의 길에 빠진 유다 백성들

04

1. 예레미야는 이스라엘의 남은 자들의 운명을 어떻게 묘사하고 있습니까?(9)

_____

_____

2. 유다 민족이 하나님의 경고와 책망을 듣지 못한 이유는 무엇입니까?(10)

_____

_____

3. 죄악의 만연함을 보시는 하나님의 심정을 말해 보십시오.(11)

_____

_____

4. 이스라엘 백성들에 대한 하나님의 분노가 극에 달함으로 어떤 질병이 내려지게 되었습니까? 그리고 이것이 평화를 이루는 것과 어떤 관계가 있습니까?(11-12)

_____

_____

5. 거짓 선지자들과 종교 지도자들의 죄악은 구체적으로 어떤 것입니까?(14)

_____

_____

6. 그들은 하나님 보시기에 가증한 일을 행하면서도 또 어떤 모

습을 취했습니까?(15)

_____

_____

7. 유다의 백성들은 거짓 선지자들에게 미혹되었습니다. 자신들이 스스로 범한 죄악으로 인해 하나님으로부터 어떤 벌을 받게 되었습니까?

_____

_____

말씀의 깨달음

1. 이스라엘이 하나님의 훈계를 싫어하고 자기 욕심을 따라감으로 결국은 멸망에 이르게 되었고 평화와는 멀어지게 되었습니다. 여기서 "귀가 할례를 받지 못함으로 듣지 못하는도다"(10절)는 구절은 구체적으로 무엇을 의미하는지 말해 보십시오.(참고, 렘 8:9; 행 7:51-53)

_____

_____

2. 유다의 거짓 선지자들은 백성을 향하여 평강이 없음에도 불구하고 계속 평화를 외침으로써 백성들을 기만하였고 결국은 파멸을 초래했습니다. 이들이 이렇게 스스로 거짓되고 악한 모습으로 변질된 이유는 무엇입니까? 그들의 최후의 모습에 대해서 말

해 보십시오.(참고, 렘 4:10, 23:16-20, 32-34)

04

3. 많은 예언자가 평화가 없음에도 불구하고 이스라엘 민족들에게 평화를 외쳤고 극소수 예언자(아모스, 이사야, 미가, 예레미야)만이 평화가 없음을 외쳤습니다. '살롬' (salom; 평화)과 '엔살롬' (ensalom: 평화가 없는)의 대립된 내용입니다.
예레미야와 같은 소수 선지자는 '엔살롬' 을 선포하지만 결국은 살롬의 길을 말하고 있는 것을 봅니다. 오늘날에도 거짓 선지자들의 모습이 나타나는데 어떤 경우인지 말해 보십시오.(참고, 렘 4:10, 23:17; 겔 13:10, 16; 렘 29:11-14)

말씀의 적용

1. 오늘날 우리 가운데 평화가 없는 현장은 어디인지 말해 보십시오.

살롬의 현장	엔살롬의 현장

2. 하나님의 말씀을 즐겨 듣지 아니할 때 우리는 죄악과 친하게 됩니다. 나는 하루의 삶 속에서 얼마나 하나님의 말씀에 귀를 기울이고 살아가고 있습니까.

---

3. 이 시대에 만연된 갖가지 죄악의 요소와 그것에 따른 하나님의 진노와 심판을 의식적으로 회피하면서 거짓 평화를 이야기하거나 현실과 타협하면서 살아가는 모습이 우리에게 있다면 그것이 무엇인지 말해 보십시오. 아울러 이런 시대 속에서 참 예언자적인 그리스도인의 삶은 무엇인지 말해 보십시오.

함께 기도하기

1. 평화를 위해 일하게 하소서.
2. 평화를 위해 옳은 것을 옳다고 말할 수 있는 용기를 주소서.

묵상의 글

1968년 4월 4일 밤, 테네시 주에 있는 멤피스의 밤은 조용히 무르익어가고 있었습니다. 마틴 루터 킹 목사는 멤피스 어느 호텔 발코니에 서서 하늘에 반짝이는 별들을 바라보며 깊은 생각에 잠겨 있었습니다. 그때 두 개의 총구멍이 그를 향해 겨냥되었습니다.

"탕탕 ! 탕탕탕!"

찢어지는 듯한 총소리가 연달아 주위를 울렸습니다, 그때 발코니에 서있던 킹 목사는 큰나무 토막처럼 쓰러지고 말았습니다. 주위 사람들이 그를 병원으로 옮겼으나 끝내 세상을 떠나고 말았습니다. 그의 장례는 킹의 아버지의 주례로 거행되었습니다. 다음은 생전에 그가 에버네저 침례교회에서 한 설교입니다.

"여러분 중 누가 내가 죽는 날 여기 있게 되거든 나는 성대한 장례식을 원치 않는다는 것을 알아주십시오. 그리고 장례식을 거행하는 사람은 너무 길게 하지 않도록 부탁합니다. 나의 노벨평화상에 관하여 말하지 말아 주십시오. 그것은 그리 중요한 게 아닙니다. 그리고 학위, 명예상, 박사학위에 관해서도 말하지 마십시오. 그것도 중요한 것이 아닙니다. 오직 침묵 속에 정의를 위해 외쳤다고만 해주십시오. 헐벗은 자에게 입을 것을 주었고 배고픈 자에게 먹을 것을 주었고 인류를 사랑하고 봉사하였다고만 해주십시오."

05

그리스도 안에서 평화

본문 말씀 : 요한복음 14:18-31

삶의 나눔

마틴 루터 킹 목사는 탈진하여 용기가 거의 없어지고 있을 때 두 손으로 머리를 부여잡고 식탁에 엎드려 큰소리로 기도를 했습니다.

"옳다고 믿는 것을 위해 투쟁하겠습니다. 그러나 지금은 두렵습니다. 사람들은 나를 지도자로 보고 있습니다. 내가 만일 힘도 없고 용기도 없이 나간다면 그들 역시 방황하게 될 것입니다. 나는 지금 기진맥진해 있습니다. 나에게는 아무것도 남아 있는 것이 없습니다."

그 순간 그는 그때까지 한번도 느껴보지 못한 하나님의 현존을 느꼈습니다.

"정의와 평화와 진리를 위해 싸우라. 내가 언제나 너와 함께 있을 것이다." 내면으로부터 이 약속의 음성이 들려올 때 그의 두려움은 사라졌고 어떤 시련과도 맞설 마음의 준비가 되었습니다. 주변의 상황은 변함이 없었으나 하나님이 자기와 함께 계신 것을 확신하는 순간 평화 속에 거할 수 있었습니다.

1. 위의 내용을 읽고 느끼는 바를 함께 나누어 보십시오.

05 말씀의 살핌

도움의 글

본문의 배경

요한복음 14장은 예수님이 십자가에 돌아가시기 전날 밤에 하신 고별 설교 중 한 부분입니다. 특히 예수님이 떠나는 것에 대한 제자들의 근심과 두려움을 잘 표현하면서 그것에 대한 예수님의 위로와 격려의 말씀이 가득 차 있습니다. 이것은 보혜사 성령의 약속을 통해 더 잘 나타납니다.

용어설명

─보혜사(26): 헬라어로 '파라클레토스' 즉 '돕는 자'란 뜻입니다.

─유다(22): 유다 시대에서 흔한 이름으로 신약에서도 7명의 유다라는 이름이 나옵니다(눅3:30; 마 13:55; 행 5:37, 9:11, 15:22).

─평안을 너희에게 끼치노라(27): 유대인은 보통 인사할 때 '샬롬'이라고 말합니다.

─아버지는 나보다 크심이니라(28): 이것은 성부, 성자 간의 차이를 말하기보다는 성부에 대한 성자의 복종과 겸손을 가리키고 있는 것으로 이해함이 좋습니다.

─일(29): 예수님의 죽음, 부활, 승천을 뜻합니다.

─이 세상 이름(30): 공중권세 잡은 자, 즉 이 세상의 신이라 할 수 있는 사단을 뜻합니다.

1. 본문을 읽고 "하나님이 언제나 함께 하신다" (마 28:20)는 말씀의 표현을 담고 있는 구절들을 찾아보십시오.(18, 20, 23, 27, 28)

2. 하나님 없는 상태를 본문에서는 어떻게 표현하고 있습니까?(18)

3. 그날은 언제를 가리키며 그날에는 어떤 일이 일어납니까?(19-20)

4. 말씀과 사랑은 서로 긴밀한 관계가 있습니다. 아울러 이것은 임마누엘 신앙과도 이어집니다. 본문에서는 말씀과 사랑의 임마누엘(하나님이 우리와 함께 하심)과 평화를 어떻게 묘사하고 있으며, 이는 어떤 면에서 서로 연결성을 갖고 있습니까?(21-25)

5. 보혜사 성령이 하시는 중요한 두 가지 일은 무엇입니까?(26)

6. 평화는 우리에게 어떻게 주어지며 이 평화의 특징은 무엇입니까?(27)

_____

_____

말씀의 깨달음

1. 본문에 나오는 성령님의 두 가지 사역은 우리가 평화를 이루는 데 어떤 역할을 하게 됩니까?

_____

_____

2. 그리스도인의 평화는 세상이 주는 평화와 다릅니다. 이런 평화를 얻기 위해서는 먼저 어떻게 해야 합니까? 예수 그리스도와 성령과 평화는 서로 어떤 관계인지 말해 보십시오.

_____

_____

3. 우리 마음에 근심하고 두려워하는 것은 그리스도 안에서 평화가 상실되었기 때문입니다. 그리스도가 주는 평안은 구체적으로 어떤 평화인지 말해 보십시오.(참고, 롬 5:1, 5, 8:1)

_____

_____

말씀의 적용

1. 나는 내가 예수 안에 있고 성령님이 내 안에 계심을 얼마나 믿고 살아갑니까?

---

2. 지금 내 마음의 상태를 살펴 볼 때 나는 어느 정도 평안함을 누리면서 살아갑니까? 유대인들은 만날 때마다 "샬롬(평강)"이라고 말하면서 인사로 평강을 빌어 줍니다. 나는 다른 사람에게 얼마나 평화를 전하면서 살아가는지 말해 보십시오.

---

3. 우리는 평화를 얻기 위해 노력하지만 세상적인 평화에 머물거나 얼마 가지 못해 근심과 두려움에 사로잡히는 것을 경험합니다. 혹시 나에게 그런 경험은 없었습니까? 있었다면 그 이유는 무엇이라고 봅니까?

함께 기도하기

1. 평화를 위해 일하는 사람이 되게 하소서.
2. 그리스도 안에서만이 참 평화가 있음을 믿고 그 평화를 누리게 하소서.

실천과
결단

묵상의 글

남미에 있는 아르헨티나와 칠레는 인접한 나라입니다. 1899년에 두 나라 사이에 국경 분쟁이 일어나 하마터면 전쟁이 일어날 뻔한 적이 있었습니다. 1900년 부활절이 다가올 즈음에 두 나라는 전투준비를 마쳤는데 모두가 전쟁은 피할 수 없는 것이라고 여겼습니다.

이때 아르헨티나의 신부인 몽시 뇨르 베나텐테는 부활절에 평화를 호소하는 설교를 했는데, 이것이 칠레까지 전달되고 칠레에서도 한 신부가 평화의 메시지를 설교하였습니다.

이것이 발단이 되어 양국의 전국민에게 확산되었고, 마침내 평화 조약이 체결되었습니다. 그 결과 굉장한 일이 일어났는데 그것은 사람들이 요새의 대포를 모아 큰 동상을 만든 것이었습니다. 바로 예수 동상이었습니다. 이 예수님은 오른팔을 사람들을 축복하기 위해 앞으로 내밀고 있었고 왼손에는 십자가를 가지고 있었습니다. 이 동상을 국경지대로 옮기기 위해 군인들과 전쟁에 쓰이던 노새들이 수고하게 되었습니다.

1904년 3월 13일 마침내 그 동상이 세워지고 제막식이 거행되었는데 지금까지도 계속 그곳에 서 있는 예수님의 동상 아래에는 다음과 같은 글이 쓰여 있습니다.

62

"칠레 국민과 아르헨티나 국민들이 그리스도의 발밑에서 서약한 엄숙한 이 계약을 사람들이 잊기 전에 이들 산들이 무너져 티끌이 되어 버릴 것이다." 그리고 뒷면에는 이런 성경 말씀이 쓰였습니다.

"그는 우리의 화평이시니라 둘로 하나로 만드시다"(엡 2:14).

영원한 평화

본문 말씀 : 이사야 11:6-16

삶의 나눔

1. 내가 상상하고 있는 영원한 천국의 모습을 자연스럽게 생각나는 대로 이야기해 보십시오.

내가 상상하고 있는 천국의 모습

_____

_____

_____

2. 내가 상상한 천국의 모습을 요한계시록 21:10-27의 말씀과 비교하여 다시 정리해 보십시오.

_____

_____

말씀의 살핌

본문의 배경

이사야는 약속과 성취의 관점에서 그리스도와 연결하여 민족에 대해 예언적으로 그리고 있습니다. 그리스도를 통한 구원의 완성과 앞으로 나타날 평화의 모습을 시적으로 묘사하고 있습니다.

용어설명

－기호(10): 군대를 모으는 깃발을 말합니다.

－어깨에 날아 앉고(14): 큰 새가 먹이를 움키는 모양을 묘사한 것으로 그리스도의 승리를 묘사합니다.

－해고(海股)(15): '바다의 혀' 란 뜻으로 바다, 호수, 하천이 마주치는 곳의 작은 육지를 가리키는데, 여기서는 혀와 같이 생긴 홍해를 말합니다.

－뜨거운 바람(15): '그의 기운의 능력' 이란 뜻으로 홍해가 갈라져 마른 땅이 되는 사건을 연상하게 합니다.

---

1. 본문에는 "그때"(6) "그날"(10, 11)이란 말이 계속 나오는데 여기서 '그때' 란 어느 때를 말합니까?(11:1-5)

2. 이사야는 인류 최초의 낙원이 회복되는 살롬의 장면을 실감 있게 묘사하고 있습니다. 본문(6-8)에 제시된 평화스러운 장면을 묘사해 보십시오.

3. 영원한 샬롬의 나라는 어떤 모습입니까?(9)

4. 10절의 내용은 무엇에 대한 예언의 말씀입니까?

5. 하나님은 선택된 남은 백성을 어떻게 하십니까?(11-12)

6. 하나님의 백성에게 주시는 하나님의 축복은 무엇입니까?(13-14)

7. 이사야는 이스라엘 민족이 앗수르에게 멸망하고 바벨론에게 잡혀가서 다시 돌아올 것을 출애굽 사건에 비유하여 시적으로 묘사하고 있습니다. 그 내용을 정리해 보십시오(15-16).

말씀의 깨달음

1. 하나님의 형상을 회복하는 것은 관계를 회복하는 것입니다. 그것은 곧 샬롬의 성취로 이어집니다. 그리스도인들이 꿈꾸는 세상입니다. 영원한 종말론적인 샬롬은 언제 이루어집니까? 아울러 지금 현재에서 누리는 샬롬은 무엇입니까? 현재와 미래의 상호적인 관계를 통하여 샬롬을 말해 보십시오(참고, 사 9:6-7; 눅 11:20, 17:21).

2. 온전한 평화는 그리스도 안에서 이루어집니다. 이새의 뿌리인 예수 그리스도를 통하여 모든 백성이 돌아오고 예수 그리스도의 복음으로 인하여 구원이 성취됩니다. 이렇게 볼 때 예수님의 성육신은 평화와 관련하여 어떤 의미가 있습니까?(참고, 엡 2:12-18)

3. "하나님을 아는 지식"이 충만한 것과(9) 샬롬을 이루는 것은 서로 어떤 관계가 있습니까?

말씀의 적용

1. 샬롬은 사람과 사람, 사람과 하나님 사이의 관계 속에서 이루어지는 것입니다. 그러나 우리의 삶 속에서 샬롬은 추상적인 모습으로 외쳐질 뿐 실제로는 무력하게 전락되어 가고 있습니다. 평화를 외치지만 평화가 좀처럼 이루어지지 않는 이유는 무엇입니까?

---

2. 나는 하나님의 평화를 삶 속에서 얼마나 실천하며 체험적으로 살아가고 있습니까? 하나님과 사람과 자연의 관계 속에서 점검해 보십시오.

---

3. 예수님이 이 세상에 오신 것은 평화를 이루기 위해서입니다. 복음이 들어간 곳에는 평화가 있습니다. 완전한 평화는 종말론적으로 주님이 오시는 그날에 이루어지지만 그리스도 안에 있으면 현재도 이 평화를 경험할 수 있습니다. 나에게 있는 평화의 모습을 말해보십시오.

묵상의 글

다음의 시를 읽고 평화에 대해서 각자 묵상해 보십시오.

평화

평화, 너 낯선 산비둘기여, 너 언제나
그 놀라기 잘하는 날개 접어
이 이상 더 내 주위를 방황 말고
내 나무 그늘에 쉬려는가?
평화여, 언제나 나는 평화로우려나?
나는 내 자신의 마음에 대해
위선자가 되지는 않으련다, 어느 때든지
네가 오기를 기다리마
그러나 겉치레한 평화는 어리석은 것
어느 순수한 평화가
전쟁을 경고하고, 전쟁을 굴복시키고
전쟁의 끝장을 가져오려나?

오오
내 주는 정녕 평화를 빼앗는 대신 얼마간
보류하는 것—훗날에 평화를 자랑하기 위해
주는 심한 인내를 정지하신다, 그리하여 평화가
여기
자리 잡을 때, 주는 일거리를 가지고 온다
소곤거리기 위해서가 아니다
주는 내려와 앉아 생각에 잠긴다

-홉킨즈

하나됨

하나됨의 정의

하나됨이란 어떤 일정한 규격으로 단일화되는 것과는 다른 의미를 가지고 있습니다. 성경에서 말하는 하나됨이란 외형적인 모습이 아니라 영적이고 내부적으로 일치된 모습을 의미합니다. 살아있는 생명체로서 서로 유기적으로 하나되는 것을 의미합니다.

그러므로 여기서는 각각의 특성과 다양함이 인정되면서 성령 안에서 서로 하나됨을 이루는 것을 의미합니다. 사랑, 기쁨, 평화 등은 이 하나됨의 역사 속에서 이루어집니다. 하나님과의 관계, 인간과의 관계, 자연과의 관계가 서로 조화를 이루어 하나되는 것도 같은 의미입니다. 이 관계의 깨짐이 바로 죄악입니다. 그리고 이것은 여러 관계 속에서 분열을 낳아 잘못된 여러 모습을 등장시키게 됩니다.

하나됨의 성서적인 의미

성경에서 하나됨을 가장 잘 표현한 것은 바울이 증거한 '그리스도의 몸' 입니다. 바울은 교회를 사람의 몸에 비유하여 말하고 있습니다. "몸은 하나인데 많은 지체가 있고 몸의 지체가 많으나 한몸인 것과 같이 그리스도도 그러하니라"(고전 12:12). 모든 것은 하나를 이루는 것에 존재합니다. 만약 하나됨을 깨는 것이라면 그 개별적인 존재의 의미는 불필요합니다. 지체는 개체적인 것으로는 그 소용가치가 없습니다. 서로의 필요를 인정하면서 몸에 붙어 있을 때 그 기능은 아주 유용하게 사용되어집니다.

그래서 바울은 교회의 여러 은사가 모두 교회의 덕을 세우는 데 사용되어야 한다고 말합니다(고전 14:12, 26). 이것은 아주 중요한 의미가 있습니다. 왜냐하면 아무리 신령하고 위대한 것이라 하더라도 덕을 세우는 데 합당하지 않으면 그것을 중지하고 다시 점검해 보아야 하기 때문입니다. 또 이것은 그리스도의 몸된 교회에 가장 필요한 것이 하나되는 것임을 증거하기도 합니다.

"몸이 하나이요 성령이 하나이니 이와 같이 너희가 부르심의 한 소망 안에서 부르심을 입었느니라 주도 하나요 세례도 하나요 하나님도 하나이시니 곧 만유의 아버지시라 만유 위에 계시고 만유를 통일하시고 만유 가운데 계시도다"(엡 4:4-6).

몸과 지체의 연결성

여러 지체를 통해 한몸이 이루어집니다. 이것은 분리될 수 없는 것으로 서로를 존경하고, 동정하고, 짐을 지고, 복종하는 관계입니다.

"몸 가운데서 분쟁이 없고 오직 여러 지체가 서로 같이 하여 돌아보게 하셨으니, 만일 한 지체가 고통을 받으면 모든 지체도 함께 고통을 받고, 한 지체가 영광을 받으면 모든 지체도 함께 즐거워하느니라"(고전 12:25-26).

지체는 서로의 아픔과 즐거움에 자연스럽게 동참할 수 있어야 합니다. 그리고 서로의 필요를 인정하며 서로 존경하고, 도움을 받고 서로 협력하는 사이가 되어야 합니다. 이런 것을 함께할 수 있다는 것은 서로가 한몸임을 증명하는 좋은 표징입니다.

이 모든 것을 가능케 하는 것이 생명입니다. 죽어 있는 몸은 아무런 지체 기능을 하지 못합니다. 죽어 있거나 병들어 있는 부분은 서로의 느낌을 받을수도, 또 줄 수도 없습니다. 하나님과의 사이를 연결하고 다른 그리스도인과 지체됨을 느끼는 것은 성령의 교통이 있을 때 가능합니다. 하나됨을 이루는 가장 중요한 부분은 성령입니다(고전 12:11). 성령께 의지하고 성령께 전적으로 순종할 때 하나됨의 역사, 그리스도의 몸된 역사는 이루어집니다.

하나됨을 위한 실천방법
—사랑

서로 분열된 관계를 회복하고 하나 되게 하는 구체적인 실천 행동 가운데 사랑은 가장 기본적인 표현입니다. 사랑하는 마음이 있을 때 서로를 이해하고 감싸주고 오래 참을 수 있습니다(고전 13장).

—나눔

보통 분열하는 이유는 자기 것을 주장하고 계속되는 욕심에 사로 잡혀서입니다. 모든 것은 하나님의 것이고 하나님의 뜻이라면 기꺼이 돌려주고 나누어 주어야 한다는 자세가 있을 때 이룰 수 있습니다. 많이 있기 때문에 나누는 것이 아니라 조금이라도 가지고 있는 것이 있다면 그것을 나누는 데서부터 나눔이 시작되고 나타납니다. 가짐은 나눔을 전제로 소유되는 것입니다. 필요 이상을 가지려는 욕심은 죄악입니다.

—공존

함께 산다는 것은 하나됨의 좋은 모습입니다. 연합하여 함께 산다는 것은 선하고 아름다운 일입니다(시 133:1). 인간은 혼자 사는 존재가 아니라 함께 사는 관계적 존재입니다. 그 속에서 인간됨의 가치가 나타나기 때문입니다. 가장 아름다운 모습은 함께 있을 때, 둘이 하나될 때입니다. 하나님은 인간을 만드실 때 독처하는 것이 좋지 못하다고 하시면서 아담을 위하여 돕는 배필인 여자를 만들었습니다. 이는 선하고 아름다운 하나님의 창조의 모습은 함께 서로 돕고 사는 것이라는 말입니다. 함께 할 수 없는 것은 곧 죄의 소산이며 구체적인 죄악의 모습입니다.

　오늘날 우리들의 삶에서 최대의 관심이요 최종의 목표를 한 가지 들라면 하나됨이라고 말할 수 있습니다. 천국은 하나됨이 실현되는 공간입니다. 이 속에서 사랑, 평화, 기쁨이 흘러나오기 때문입니다. 하나되지 못한 사랑, 하나됨이 없는 평화는 참된 것이 아닙니다. 이렇게 보면 사랑과 평화와 하나됨은 서로 연결된 것이라 말할 수 있습니다.

　성령 안에서 하나님과 하나되고, 그리스도 안에서 이 세상과 하나되는 것은 성경이 요구하는 궁극적인 모습입니다. 이것은 성숙한 신앙의 모습으로서 희생과 헌신이 뒤따르지 않으면 이룰 수 없는 공동체적인 모습입니다.

　민족적인 분열, 이데올로기적인 분열, 교리의 분열, 지역 간의 분열, 세대 간의 분열 등은 오늘날 우리가 해결해야 할 긴급한 과제입니다. 예수님께서 제자들과 마지막으로 가졌던 성만찬의 자리에서 기도하신 내용도 같은 의미에서 기억할 만한 내용입니다.

　"아버지께서 내 안에, 내가 아버지 안에 있는 것같이 저희도 다 하나가 되어 우리 안에 있게 하사 세상으로 아버지께서 나를 보내신 것을 믿게 하소서"(요 17:21).

　우리가 그리스도의 참 제자인 것을 세상에 알리고 세상으로 하여금 믿게 하는 일은 우리가 그리스도와 하나된 것같이 우리도 서로가 하나 되는 일입니다.

둘이서 하나

본문 말씀 : 에베소서 2:11-22

삶의 나눔

1. 다음을 첫 자로 시작하는 오행시를 지어 보고 서로 나누어 보십시오.

둘	
이	
서	
하	
나	

말씀의 살핌

에베소서

에베소서는 바울의 옥중 서신 중 하나입니다. 바울이 제3차 전도 여행을 마친 후에 예루살렘에서 체포되어 로마 감옥에서 쓴 편지가 에베소서입니다. 에베소서는 몸된 그리스도의 교회를 세우며 완전케 하시는 하나님의 영원하신 목적을 말한 서신입니다. 특히 한 주, 한 믿음, 한 세례 등의 동일됨과 평등에 대한 하나님의 뜻이 담겨 있습니다. 이것은 "여러 지체를 가진 그리스도인의 한몸" 이란 말에 잘 나타나 있습니다.

에베소 도시

에베소는 소아시아의 정치, 경제, 상업, 문화가 통합된 교통의 중심지입니다. 그러나 우상 숭배가 성행하기도 했던 곳으로 종교적, 성적으로 타락된 도시입니다. 대표적인 우상으로 아데미 신전이 있었습니다.

본문의 배경

본문은 교회에 대해서 말하고 있습니다. 교회란 그리스도를 머리로 하여 유대인이나 이방인의 구별 없는 몸된 유기적인 공동체를 말합니다. 교회의 이런 통일됨에는 평등에 대한 하나님의 뜻이 담겨 있습니다. 이것은 교회를 말해주는 좋은 비유이기도 합니다. 당시 에베소의 아데미 신전과 비교되는 것으로 교회는 건물이 아닌 그리스도 안에 모이는 사람들의 모임을 의미합니다.

용어설명

－할례(11): 할례는 이스라엘 자손이 난 지 8일만에 시행하는 의식으로서 남자의 양피를 자르는 것입니다. 이것은 하나님이 아브라함과 언약하신 때부터 시작되었습니다.

－중간에 막힌 담(14): 담은 예루살렘 성전의 성소와 이방인들의 뜰

사이에 있던 담을 암시합니다. 이 담에는 이방인들이 그것을 넘어
갈 경우 죽임을 당한다는 경고의 비문이 새겨져 있습니다.

ㅡ이 둘(15): 이방인과 유대인을 말합니다.

1. 본문을 읽은 뒤 하나됨에 관계된 단어를 찾아보고 나름대로
본문의 제목을 정해 보십시오.

2. 그리스도 밖에 있는 사람들에게는 무엇이 없습니까?(12)

3. 멀리 있던 이방인들과 유대인들을 가까워지게 한 것은 무엇입
니까?(13)

4. 예수 그리스도는 우리에게 무엇이 됩니까?(14)

5. 원수된 것이란 무엇을 말하며 또 무엇으로 그것을 소멸시키셨
습니까?(15-16)

6. 서로 하나 되게 한 하나님의 궁극적인 목적은 무엇입니까?(16)

7. 교회는 누구를 중심으로 어떻게 연결된 공동체입니까?(20-22)

말씀의 깨달음

1. 둘을 하나로 만든다는 것, 다시 말해 "한 새사람"이 된다는 것은 어떻게 된다는 의미입니까? 유대인이 이방인이 된다는 것입니까, 아니면 이방인이 유대인이 되는 것입니까? 아니면 또 다른 의미가 있습니까?(참고, 골 1:20)

2. 중간에 막힌 담을 허셨다는 것은 무엇을 의미하고 있습니까? 또 하나됨과 화평의 담을 헌다는 것의 상관관계를 말해 보십시오 (참고, 사 9:6; 롬 6:6-7).

3. 예수님께서 친히 모퉁이 돌이 되신 이유는 무엇입니까? 아울러 그것은 교회의 본질과 관련할 때 우리에게 어떤 교훈을 주고

있습니까?(참고, 행 4:10-11; 고전 3:9-11)

_____

_____

07

말씀의 적용

하나됨은 그리스도 안에서 하나 되는 것을 의미합니다. 십자가의 능력이 하나됨을 가능하게 합니다. 서로의 주장을 따라가는 것이 아닌 그리스도의 생각으로 하나되는 것을 의미합니다.

1. 우리 주위에서 하나됨을 가로막는 것들은 무엇이며 왜 그런 일들이 일어나는지 말해 보십시오.

_____

_____

2. 내가 속한 공동체나 나 자신에게 막힌 담은 없는지 이야기해 보고 각자 회개의 기도문을 적어 보십시오.

회개의 기도문

3. "1+1=1" 의 공식은 하나됨의 신비를 보여줍니다. 우리 가운데 두 사람이 하나로 합쳐져야 하는 부분이 있다면 어떤 것이 있는지 말해보고 그것을 위한 나의 자세는 무엇인지 이야기해보십시오.

함께 기도하기

1. 그리스도 안에서 하나됨을 체험케 하소서.
2. 우리 가운데 화목하지 못한 모습을 생각나게 하시고 그것을 해결할 수 있는 힘을 허락하소서.

81

묵상의 글

인간관계에 있어 하나됨의 첫째 조건은 하나님과의 관계입니다.
하나님과의 관계가 올바르게 되었을 때 인간관계 역시 바로잡을
수 있습니다. 이것이 야곱과 에서의 만남에서 잘 나타나 있습니
다. 야곱과 에서가 서로 만나 포옹하고 함께 우는 일치의 모습은
아름다운 장면입니다. 그러나 이러한 모습이 있기 전에 우리는
야곱이 얍복강 가에서 하나님과 대면한 모습을 보게 됩니다. 하
나님과의 만남으로 야곱은 믿음을 얻었고 원수인 형 앞에 담대하
게 나아가게 되었습니다. 이들은 결국 하나되는 모습으로 이어
지게 됩니다.

오늘 우리 가운데에도 하나되지 못하며 서로 반목하고 지내는 모
습은 없습니까? 그렇게 지낼 수밖에 없는 것은 인간이 본질적으
로 가지고 있는 죄악 때문입니다. 자기를 낮추고 하나님의 능력
을 믿는 힘이 부족해서입니다. 적극적으로 나아가 화목의 길을
열지 않으려는 이유도 생각해 보면 이런 이기적인 악에서 나온
행동입니다. 하나님과의 관계가 회복된다 함은 바로 이런 행동
의 변화를 의미하고, 그 행동은 하나님의 능력을 끌어당기는 촉
진제가 됨을 기억해야 합니다.

모두가 하나

본문 말씀 : 에베소서 4:1-16

삶의 나눔

1. 다음의 그림을 연결시켜 하나의 이야기로 꾸며 보십시오.

—이야기

_____

_____

_____

_____

말씀의 살핌

도움의 글

본문은 교회 안에서 일치와 연합을 어떻게 실천할 것인가를 말하고 있습니다. 하나님이 진정 원하시는 것이요 하나된 공동체를 교회가 이룸으로써 세상 속에서 일치와 연합을 실천하는 사명을 다해야 합니다.

용어 해설

—온유(2): 하나님께 대해서는 기쁘게 순종하며 사람에 대해서는 남의 약점이나 허물을 감싸주며 부드럽게 하는 태도를 말합니다.

—평안(3): '평화' 라는 뜻으로 이것은 홀로 가지는 평안보다는 사람과 사람 사이에서 가지는 평안을 말합니다.

—힘써 지키라(3): 계속 지키라는 뜻으로 진행형입니다.

- -

1. 본문에서 "하나" "한" 이라는 말씀이 몇 번 나오는지 찾아 보십시오.

_____

_____

2. 하나되어야 하는 내용을 찾아 적어 보십시오(4-6).

_____

_____

3. 하나되는 데 있어 우리가 갖추어야 할 마음의 자세는 무엇입니까?(2)

_____

_____

4. 성령님이 하시는 일 중에서 중요한 특징 하나를 말해 보십시오.(3)

5. 우리들은 무엇을 위해 부름을 받았습니까?(4)

6. 본문에 나타난 하나님은 어떤 하나님이십니까?(6)

7. 우리에게 교회의 각 직분을 주신 것은 무엇을 이루려 함입니까?(11-12)

8. 우리가 온전한 사람이 되고 그리스도의 장성한 분량에 이르기까지는 많은 노력이 필요합니다. 그중에서 우리가 해야 할 중요한 한 가지를 말해 보십시오.(13)

9. 그리스도의 몸을 세우고 자라게 하기 위해 각 지체들은 어떤 역할을 잘 감당해야 합니까?(16)

08 말씀의 깨달음

1. 성경은 우리가 서로 사랑하고 하나되어야 함을 강조하여 말합니다. 하나님은 왜 우리가 하나되기를 그렇게도 원하십니까?(참고, 요 17:20-23)
아울러 "성령이 하나되게 하신 것을 힘써 지키라"(3)는 의미는 무엇입니까?

2. 우리가 하나되지 못한 무기력 속에 살 때가 많은데 그 이유는 무엇이며 우리가 하나되기 위해서 먼저 해야 할 중요한 일은 무엇인지 말해 보십시오.(참고, 요 17:21, 22)

3. 하나됨을 힘써 지키려고 했던 성경의 인물들과 비유의 인물을 찾아 그 내용을 적어보고 느낌을 말해 보십시오.

성경	인물	본받을 만한 태도들
창 45:1-8		
창 33:1-4		
창 13:5-9		
눅 15:11-24		

말씀의 적용

1. 우리 가운데는 하나된 모습보다는 하나되지 못한 모습이 더 많습니다. 어떤 것들이 있는지 찾아보고, 아울러 그 이유를 말해 보십시오.

	하나되지 못한 모습들	그 이유들
교회		
가정		
이웃, 사회		
세계		

2. 하나됨을 지키는 제자로서의 삶을 살펴보면서 하나됨을 저해하는 요소들을 찾아 자신의 상태를 점검하고 부족한 것을 위해 함께 기도하십시오.

마음	상	중	하
몸된 지체를 느낌			
오래 참음			
먼저 사랑			
용서			
온유			
양보심			
교회 사랑			

3. 하나됨을 이루기 위해 오늘 당장 실천해야 할 일을 말해 보십시오.

_____

_____

함께 기도하기

1. 내가 속한 가정, 교회와 이웃이 하나되는 역사가 일어나게 하소서.
2. 하나되는 일에 나를 사용하소서.

묵상의 글

스위스의 한 시골 교회 이야기입니다. 이 산골 교회에서는 저녁 예배시간에 출석하는 사람만큼 촛불을 밝힌다고 합니다. 한 사람의 출석과 결석이 교회의 밝음과 어두움을 결정하는 요인이 된다는 뜻입니다.

나의 말 한마디, 행동 하나가 교회와 가정, 사회의 하나됨에 영향을 끼치고 우리 모두의 사랑에 깊은 관계가 있습니다. 모두의 하나됨을 위해서는 개인의 모습이 변화되어야 하고 무엇보다도 공동체 의식이 피어나야 합니다. 물질적인 공동체가 아닌 생명력 있는 몸된 공동체 의식이 있어야 합니다. 서로 지체됨을 느끼며 섬기고, 서로 복종하고 용서하며 이해할 때 비로소 한몸을 이루고 아울러 큰 힘을 발휘할 수 있습니다. 모두가 하나되기 위해서 나부터 욕심과 이기심을 버려야 합니다.

하나님의 손에서 하나

본문 말씀 : 에스겔 37:15-28

삶의 나눔

1. 우리 주위에서, 또 평소 생각해 왔던 것 중에서 인간의 힘으로는 도저히 할 수 없다고 생각되는 것이나 굳어진 것이 있으면 무엇인지 찾아서 열거해 보십시오.

1.

2.

3.

4.

말씀의 살핌

저자

에스겔은 제사장 부시의 아들로 태어난 하나님의 선지자입니다. '에스겔'이란 이름은 "하나님께서 강하게 하신다"는 뜻을 가지고 있습니다. 에스겔은 예루살렘 성전에 대해 잘 알고 있는 사람으로서 바벨론 왕 느부갓네살의 군대에게 포로가 되어 끌려가게 됩니다.

시대적 배경

북왕국 이스라엘은 이미 120년 전 앗수르에게 망하여 포로로 끌려간 상태였고 남쪽 유다 왕국도 바벨론에게 멸망, 포로된 상태였습니다. 결국 분단된 두 왕국이 모두 다른 나라에게 멸망을 당했습니다. 이러한 상황에서 25-30세의 청년 에스겔은 자기 민족을 향해 예언을 했습니다(약 22년간).

이스라엘이 두 왕국으로 분열하게 된 이유(왕상 12장-왕하 17장, 대하 10-31장)

－솔로몬 왕이 사치와 허영심을 채우고자 국민에게 과다한 세금을 부과함으로 백성들의 원망과 불평이 많았습니다.

－북쪽 이스라엘 사람들은 모든 것이 남쪽 유다 지파에게 치중되고, 그들을 편애하는 것에 대해 분개했습니다.

－이러한 불만으로 인해 10지파를 관리하던 여로보암이 솔로몬의 미음을 사게 되어 애굽으로 도피를 하게 됩니다.

－솔로몬이 죽자 애굽으로 피한 여로보암이 반란을 일으켜 솔로몬 아들 르호보암과 대립하게 되면서 나라가 분열하고 말았습니다.

－솔로몬의 아들 르호보암은 잔인한 성격으로 백성의 멍에를 더 가중시켰습니다.

91

에스겔의 주요 메시지

—하나님만이 죽음에서 생명으로 이끄는 유일한 해결자이십니다(겔 37:1-14).

—역사를 주관하시는 분은 하나님이십니다.

—하나님은 새로운 영과 마음을 주셔서 죄악의 모습을 없애고 새롭게 하시는 분이십니다(겔 18:31-32).

본문의 배경

3대째 내려오던 통일왕국 이스라엘은 이제 분열되어 북쪽은 여로보암, 남쪽은 르호보암이 통치하는 비극을 맞게 되었습니다. 그런데 두 개의 분열된 민족이 각각 다른 이방인들에 의해 멸망되어 포로의 압제와 절망의 상태가 계속되었습니다. 이러한 상황에서 에스겔이란 선지자를 통해 하나님의 희망적인 메시지가 나타나고 있습니다.

용어 설명

—유다, 에브라임(16): 유다와 에브라임은 이스라엘의 12지파 이름들입니다. 유다 지파는 남쪽 이스라엘 자손의, 또 에브라임은 북쪽 이스라엘 자손을 주도하고 있는 지파입니다. 에브라임은 요셉의 두 아들 중 동생의 이름입니다.

—목전(20): 보는 앞에서

—고토(21): 본토, 이스라엘의 본국을 말합니다.

---

1. 하나님이 선지자 에스겔을 시켜서 어떤 상징적인 말씀을 했습니까?(16-17)

2. 막대기를 붙여서 한 막대기로 한 것은 결국 누가 어떻게 된다는 것을 말합니까?(19)

3. 하나님이 말씀하신 소망적인 내용은 무엇입니까?(21-22)

4. 죄악 속에서 구원하여 정결케 하신 분은 누구입니까?(23)

5. 하나님이 주신 땅을 통치할 영원한 왕은 누구입니까?(25)

6. 평화의 약속에 대한 하나님의 영원한 계획은 무엇입니까?(26)

7. 하나님과 선택된 백성과의 관계를 말해 보십시오.(23, 27)

8. 이것은 결국 모든 나라로 하여금 무엇을 알게 하기 위함입니까?(28)

_____

_____

말씀의 깨달음

1. 서로 분열된 것이 하나된다는 것은 쉬운 일이 아닙니다. 특히 이념이나 가치관이 다를 때 서로 하나가 된다는 것은 불가능에 가깝습니다. 서로의 이익이 걸려 있는 상황에서는 타협을 이루어 내기가 더욱 어렵습니다. 이런 의미에서 하나님의 손에서 하나가 된다는 것은 무엇을 말합니까?

_____

_____

2. 우리는 주위의 많은 것들에서 분열의 모습을 발견합니다. 가정, 정치, 경제, 사회, 문화, 종교, 민족 등에서 그런 예들은 쉽게 발견할 수 있습니다. 왜 이런 일들이 발생하는지 그 이유를 말해 보십시오.

_____

_____

말씀의 적용

1. 우리나라가 분열된 원인은 여러 가지로 볼 수 있습니다. 모든 역사의 주인은 하나님이시라는 관점에서 본다면 가장 중요한 원인은 무엇이라 봅니까?

_____

_____

2. 하나되지 못하고 분열된 여러 가지 모습들은 결국 그리스도를 중심으로 재정리될 때 비로소 일치하게 됩니다. 나의 주위에 분열된 모습이 있다면 찾아보고 그 원인과 해결방안을 말해 보십시오.

분열된 모습 (개인, 가정, 교회, 나라)	원인	해결방안

09

3. 하나되기 위해서 해야 할 일을 구체적으로 말해 보십시오.

개인적으로	
가정적으로	
국가적으로	
교회적으로	

함께 기도하기

1. 우리 주위에 있는 여러 분열된 상황들이 하나됨을 경험하게 하소서.
2. 그리스도 안에서 하나된 모습을 보면서 나를 희생하는 믿음을 주소서.

묵상의 글

중앙 아프리카에서 선교를 하던 조지 아틀레이라고 하는 젊은 선교사는 원주민들의 창과 몽둥이에 맞아 죽어가면서도 그의 손에 들려 있는 영국제 원체스트 연발총의 방아쇠를 끝까지 당기지 않았다고 합니다. 그대로 쏘면 저들을 죽이고 자기는 살 수 있었지만, 이 젊은 선교사는 자기를 죽이러 오는 사람들인 줄을 알면서도 끝까지 총을 쏘지 않았습니다. 손가락 하나로 방아쇠를 당기면 끝날 일인데도 그는 결코 그 일을 하지 않았습니다.

그 사람들을 죽이게 되면 마을에서의 전도는 영영 끝이 나게 될 것이라고 생각했기 때문입니다. 자기들을 죽인 자가 전하는 예수를 아무도 믿으려 하지 않을 것이기 때문입니다. 그 때문에 그는 끝까지 방아쇠를 당기지 않고 총을 든 채 개처럼 끌려가면서 사지가 찢겨가며 비참하게 죽었습니다. 이렇게 죽은 다음에 보니 그에게는 그런 놀라운 총이 있었고 탄환도 열 발이나 남아 있었습니다. 이것을 알게 된 원주민들은 뒤늦게나마 회개하고 그리스도를 영접하게 되었다고 합니다.

개 인 점 검 표

과	일자	과제(기도, 성경읽기)	기도제목	출석유무	점검
1					
2					
3					
4					
5					
6					
7					
8					
9					
10					
11					
12					

• 과제/ 상. 중. 하

지 체 원 돌 봄 표

(　　　　　　　　) 지체　　　　　　　이름:

번호	이름	전화	주소	1	2	3	4	5	6	7	8	9	10	11	12
지체장															
1															
2															
4															
5															
6															
7															
8															
9															
10															
11															
12															

• 지체원의 이름을 적어 서로의 출석을 체크하고 점검하면서 격려하고 보살핍니다. 지체원이기에 서로 관심을 가져야 합니다. 이런 돌봄을 통해 그리스도의 몸된 유기체적인 관계를 경험하며 그리스도의 몸을 세우게 됩니다. (전화, 방문, 편지, 배운 것 전해주기, 대화 등으로 한주간 동안에 한 번 이상씩 지체원들과 유기적인 교제를 합니다.)

중 보 기 도 일 지

이름:

번호	기도요청자	월일	기도내용	기도응답내용	응답일
1					
2					
3					
4					
5					
6					
7					
8					
9					
10					
11					
12					
13					
14					
15					

나의 간증

저자 이대희 목사

장로회 신학대학교 신학대학원(M.Div)과 연세대학교 연합신학대학원(Th.M)을 졸업하고 현재 에스라 성경대학원대학교 성경학박사(D.Liit) 과정 중이다.

예장총회교육자원부 연구원과 서울장신대학교 신학과 교수를 역임하고 서울 극동방송에서 "알기쉬운 성경공부" "기독교 이해" 등 프로그램을 진행했다. 지난 20여 년 동안 성서사람 · 성서한국 · 성서교회 · 성서나라의 모토를 가지고 한국적 성경교육과 실천사역을 위해 집필과 세미나와 강의사역을 하고 있다. 현재 바이블미션(www.bible91.org) 대표, 꿈을주는교회 담임목사, 독수리기독중고등학교 성경교사, 강남성서신학원 외래교수, 서울장신대 겸임교수로 사역 중이다.

저서로 《30분성경공부시리즈》《투데이성경공부시리즈》《아름다운 십대성경공부시리즈》《이야기대화식성경연구》《성경통독을 위한 11가지 리딩포인트》《심방설교 이렇게 준비하라》《예수님은 어떻게 교육했을까?》《1% 가능성을 성공으로 바꾼 사람들》《자녀를 거인으로 우뚝 세우는 침상기도》《하룻밤에 배우는 쉬운 기도》《하나님 이것이 궁금해요》《크리스천이 꼭 알아야 할 100문 100답》등 100여 권이 있다.

영향력 있는 사람

엔 크 리 스 토   제 자 양 육 성 경 공 부   6   –   생 활 과 정

초판1쇄 발행일 ㅣ 2008년 6월 20일

지은이 ㅣ 이대희
펴낸이 ㅣ 박종태
펴낸곳 ㅣ 엔크리스토
마케팅 ㅣ 정문구, 강한덕, 신주철
관리부 ㅣ 이태경, 박재영, 맹정애, 강지선

출판등록 ㅣ 2004년 12월 8일(제2004-116호)
주 소 ㅣ 경기도 고양시 일산동구 장항동 568-17
전 화 ㅣ (031) 907-0696
팩 스 ㅣ (031) 905-3927
이메일 ㅣ visionbooks@hanmail.net
공급처 ㅣ 비전북 전화 (031) 907-3927 팩스 (031) 905-3927

ISBN 978-89-92027-51-9 04230

값 3,000원

● 잘못된 책은 바꾸어 드립니다.
● 이 교재의 사용 방법, 내용, 훈련, 세미나에 대한 문의는 바이블미션(02-403-0196, 016-731-9078)으로 해주시면 최선을 다해 도와드리겠습니다.

엔크리스토 성경 공부 양육 과정

투데이 성경공부

평생 성경공부할 수 있도록 구성한 시리즈. 주제별로 구성되어 있어 각 교회의 상황에 맞게 커리큘럼을 재구성하여 사용할 수 있다.

101 신앙기초(전 9권 완간) | 201 예수제자(전 9권 완간) | 301 새생활(전 12권 완간)
601 성경개관(전 10권 완간) | 401 · 501 · 701 발간 예정

30분 성경공부

신앙생활의 기초를 다루었으며 신앙의 전체 그림을 그릴 수 있는 2년 과정의 소그룹 성경교재다. 성경공부를 시작할 때 사용하면 효과적이다.

믿음편 | 기초 · 성숙 생활편 | 개인 · 영성 · 교회 · 가정 · 이웃 · 일터 · 사회 · 세계
성경탐구편 | 창조시대 · 족장시대 · 출애굽시대 · 광야시대 · 정복시대/사사시대 · 통일왕국시대 ·
분열왕국시대 · 포로시대/포로귀환시대 · 복음서시대1 · 복음서시대2 · 초대교회시대 · 서신서시대

아름다운 십대 성경공부

십대들이 꼭 알아야 할 성경의 핵심내용과 기독교적 가치관, 세계관을 정립하는 데 필요한 핵심주제를 담고 있으며, 3년 과정으로 구성되었다.

101 자기정체성 · 복음 만남 · 신앙생활 · 멋진 사춘기 · 예수의 사람(전 5권)
201 가치관 · 믿음뼈대 · 십대생활 · 유혹탈출 · 하나님의 사랑(전 5권)
301 비전과 진로 · 신앙원리 · 생활열매 · 인생수업 · 성령의 사람(전 5권)

책별 성경공부

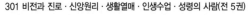

성경 전체 66권을 각 권별로 자유롭게 선택하여 사용할 수 있는 성경공부. 성경 전체를 체계적으로 연구할 수 있다.

창세기 1 · 2 · 3 · 4, 느헤미야, 요한복음 1 · 2, 로마서, 에스더, 다니엘, 사도행전 1 · 2 · 3
(계속 발간됩니다)

＊지도자를 위한 지침서
• 이야기대화식 성경연구 | 이대희 지음 | 10,000원

• 인도자 지침서(십대 성경공부 101시리즈) | 이대희 지음 | 10,000원
• 인도자 지침서(십대 성경공부 201시리즈) | 이대희 지음 | 10,000원
• 인도자 지침서(십대 성경공부 301시리즈) | 이대희 지음 | 10,000원
• 인도자 지침서(30분 성경공부 믿음편 기초, 성숙 | 생활편 개인, 교회)
  | 이대희 지음 | 10,000원

특 징

성경 66권을 쉽고 재미있게, 깊이 있게 배우면서 한국적 토양에 맞는 현장과 삶에 적용하는 한국적 성경전문학교

모집과정(반별로 2시간씩이며 선택 수강 가능)

● 성경주제반: 성경의 중요한 핵심 주제를 소그룹의 토의와 질문을 통하여 배운다.(투데이성경공부/30분성경공부)

● 성경개관반: 66권의 성경 전체의 맥과 흐름을 일관성 있게 잡아준다.(잘 정리된 그림과 도표와 본문 사용)

● 성경책별반: 66권의 책을 구약과 신약 한 권씩 선정하여 워크숍 중심으로 학기마다 연구한다.(3년 과정)

모집대상

목회자반/ 신학생반/ 평신도반(교사, 부모, 소그룹 양육리더, 구역장, 중직)

시 간

월요일(오전 10시 30분~오후 5시 30분/ 개관반 · 책별반 · 주제반)

수업학제

겨울학기 : 12~2월 | 봄학기 : 3~6월 | 여름학기 : 7~8월 | 가을학기 9~11월
(자세한 내용은 홈페이지 참조 요망. 학기마다 사정에 따라 일자가 변경될 수 있음)

수업의 특징

● 이야기대화식 성경연구방법으로 12주(3개월 과정) 진행

● 전달이나 주입식이 아닌 성경 보는 눈을 열어주고 경험하게 하면서 성경의 보화를 스스로 캐는 능력을 터득하게 하는 방법을 지향하며 소그룹 워크숍 형태로 진행

강사 : 이대희 목사와 현직 성서학 교수와 현장 성경전문 강사

장소 : 바이블미션
　　　　서울시 송파구 가락동 96-5(지하철 8호선 가락시장역)

신청 : 개강 1주일 전까지 선착순 접수(담당 : 채금령 연구간사)

문의 : 바이블미션–엔크리스토 성경대학(016-731-9078, 02-403-0196)
　　　　(홈페이지 www.bible91.org)